SingLiesel

Satz: Satz für Satz, Wangen im Allgäu

Druck: FINIDR, s.r.o.
Printed in Czech Republic

ISBN 978-3-944360-69-0

3. Auflage

www.singliesel.de

Bildnachweise:
Blumen: Gizele/Shutterstock.com
Cover-Foto: Raisa Kanareva/Shutterstock.com

Natali Mallek – Annika Schneider

STICHWORTRÄTSEL

Inhalt

Inhalt

Inhalt

Inhalt

Einführung

Rätselraten macht vielen Senioren Spaß und hält das Gedächtnis auf Trab. Deshalb haben wir diese Stichworträtsel für Sie zusammengestellt.

Zu verschiedenen Themen haben wir uns auf die Suche nach Bezugswörtern gemacht, die man gut mit einigen Stichworten beschreiben kann. Zum Beispiel:

Thema: Sonne

Bezugswort: Sonnenbrille

Stichworte: Bügel, Gläser, Schutz, Verdunkelung

Anhand der vier Stichworte sollen nun die Senioren das Bezugswort erraten. Nennen Sie das Thema („Sonne"), und lesen Sie die Stichworte langsam und deutlich vor. Machen Sie nach jedem Stichwort eine kleine Pause, damit die Senioren Zeit zum Überlegen haben.

Wenn nach vier Stichworten noch keiner der Teilnehmenden auf das Lösungswort gekommen ist, können Sie selbst noch weitere Stichworte hinzufügen – oder Sie nennen schon mal einen Teil des Bezugswortes, um den Ratenden auf die Sprünge zu helfen.

Oft ist es hilfreich, einige der beschriebenen Gegenstände oder Fotos davon mitzubringen und sich die Dinge vor der Übung einmal zusammen anzuschauen. Vielen Senioren hilft es, wenn sie die gesuchten Gegenstände kurz vor der „Ratestunde“ schon einmal gesehen haben.

Viel Freude mit den Stichworträtseln wünschen

Annika Schneider und Natali Mallek

Sonne

Bügel, Gläser, Schutz, Verdunkelung
Lösung: Sonnenbrille

Speichen, Stoff, Schatten, Ständer
Lösung: Sonnenschirm

Höchststand, Juni, längster Tag, Feste
Lösung: (Sommer-)Sonnenwende

Erholen, Bräunung, Liege, Handtuch
Lösung: Sonnenbad

Kopfschutz, Schatten, breite Krempe, Stroh
Lösung: Sonnenhut

Abend, Horizont, rot, Abschied
Lösung: Sonnenuntergang

Licht, Wärme, Streuung, Bräune
Lösung: Sonnenstrahlen

Pflanze, Korbblütler, Kerne, gelb
Lösung: Sonnenblume

Friseur

Haare, ordnen, Zacken, kämmen
Lösung: Kamm

Luft, warm, pusten, trocknen
Lösung: Föhn

spitz, Klingen, Griff, Neuschnitt
Lösung: Schere

rund, aufwickeln, warten, Welle
Lösung: Lockenwickler

Bild, verkehrt, Wand, sehen
Lösung: Spiegel

Stoff, Kleiderschutz, Druckknopf, Abdeckung
Lösung: Umhang

Bilder, Zeitvertreib, lesen, Klatsch
Lösung: Zeitschrift

Frisur, ordnen, Griff, Borsten
Lösung: Bürste

Bienen

Bienenstock, Waben, Nahrung, süß
Lösung: Honig

züchten, Bienenstock, ernten, Honigschleuder
Lösung: Imker

Gefahr, wehren, spitz, stechen
Lösung: Stachel

Pflanze, Öl, gelb, Nektarquelle
Lösung: Raps

Behälter, Vorrat, Frühstück, aufschrauben
Lösung: Honigglas

Biene, bekannt, Abenteuer, Waldemar Bonsels
Lösung: Maja

Behausung, Honigwaben, Nachwuchs, Arbeiterinnen
Lösung: Bienenstock

Mutter, Hochzeitsflug, Drohnen, Eiablage
Lösung: Bienenkönigin

Frühling

Herzklopfen, Schmetterlinge, März, verliebt
Lösung: Frühlingsgefühle

Blume, gelb, Garten, Frühlingsbote
Lösung: Narzisse/Osterglocke

Auferstehung, suchen, Hase, Eier
Lösung: Ostern

warm, gelb, scheinen, hell
Lösung: Sonne

Sonntag, Mai, Blumen, ehren
Lösung: Muttertag

Nest, Eier, falsch, Küken
Lösung: Kuckuck

Regen, Sonnenschein, Scherz, Monat
Lösung: April

singen, trällern, Freude, Lenz
Lösung: (Frühlings-)Lied

Wochenmarkt

hineinlegen, tragen, transportieren, Geflecht
Lösung: Korb

Dach, Waren, Theke, Schild
Lösung: Marktstand

Vogel, gackern, kochen, Suppe
Lösung: Suppenhuhn

weiß, Gemüse, Röschen, Kopf
Lösung: Blumenkohl

Blüten, sammeln, Bienen, Imker
Lösung: Honig

Angebote, anpreisen, laut, handeln
Lösung: Marktschreier

Teig, Eisen, Herzchen, backen
Lösung: Waffeln/Waffelstand

Gebinde, bunt, Stängel, Blüten
Lösung: Blumenstrauß

Muttertag

klein, süß, Schokolade, gefüllt
Lösung: Pralinen

bunt, Duft, Pflanzen, Strauß
Lösung: Blumen

schreiben, Pappe, aufklappen, Briefumschlag
Lösung: (Glückwunsch-)Karte

morgens, essen, Brötchen, Kaffee
Lösung: Frühstück

Duft, edel, sprühen, Fläschchen
Lösung: Parfüm

Teig, backen, lecker, Backform
Lösung: Kuchen

Reime, vorlesen, vortragen, auswendig
Lösung: Gedicht

Liebe, Organ, Form, rot
Lösung: Herz

Sommerurlaub

August, schulfrei, ausschlafen, faulenzen
Lösung: Schulferien

kalt, Kugel, Vanille, schlecken
Lösung: Eis

UV-Schutz, Haut, wasserfest, Öl
Lösung: Sonnenöl

Früchte, Wein, schöpfen, Glas
Lösung: Bowle

Küste, Laken, Burgen, Sand
Lösung: Strand

Haut, rot, Schmerzen, cremen
Lösung: Sonnenbrand

kurz, Wasser, schwimmen, Beinkleidung
Lösung: Badehose

Schutz, Bügel, Augen, Gläser
Lösung: Sonnenbrille

Putzen

Schaumstoff, weich, vollsaugen, Poren

Lösung: Schwamm

Gebläse, Dreck, laut, elektrisch

Lösung: Staubsauger

Stiel, Borsten, lang, fegen

Lösung: Besen

Rund, Behälter, Henkel, Wasser

Lösung: Eimer

Schokolade, Rotwein, Dreck, Stelle

Lösung: Fleck

Krümel, Besen, kurz, fegen

Lösung: Handfeger

H_2O, klar, flüssig, nass

Lösung: Wasser

Fußboden, reinigen, Stiel, Stoffstreifen

Lösung: Wischmopp

Eier

Pappe, Vertiefungen, Aufbewahrung, Schachtel
Lösung: Eierkarton

decken, Frühstück, Tisch, Geschirr
Lösung: Eierbecher

schlagen, umdrehen, fest, schaumig
Lösung: Eischnee

Eiweiß, Zucker, schlagen, backen
Lösung: Baiser

braten, Teig, dünn, essen
Lösung: Eierkuchen/Pfannkuchen

Tier, Eier, legen, Stall
Lösung: Huhn

orange, lecker, gelb, Ei
Lösung: Dotter

durchsichtig, Protein, schlagen, hell
Lösung: Eiklar/Eiweiß

Sommer

Fußbekleidung, luftig, Socken, Riemen
Lösung: Sandalen

Freizeit, lange, Urlaub, schulfrei
Lösung: (Sommer-)Ferien

Fest, Nacht, Juni, kurz
Lösung: Mittsommernacht

frei, erkunden, Fahrt, Urlaub
Lösung: Reise

nass, See, kraulen, tauchen
Lösung: baden/schwimmen

Rost, Fleisch, Anzünder, garen
Lösung: grillen

Schule, Temperaturen, Unterrichtsausfall, Heimweg
Lösung: Hitzefrei

warm, hell, Strahlen, Himmel
Lösung: Sonne

Tanzen

Österreich, schnell, Standardtanz, 3/4-Takt
Lösung: Wiener Walzer

Metallplättchen, Schuhe, Klänge, Schritte
Lösung: Stepptanz

Rhythmus, Lateinamerika, Brasilien, 2/4-Takt
Lösung: Samba

Schüler, Lehrer, Unterricht, Gebäude
Lösung: Tanzschule

Musik, Rhythmus, 2/4, 3/4
Lösung: Takt

klassischer Tanz, Bühne, Tütü, Schwanensee
Lösung: Ballett

Füße, Leder, anziehen, zubinden
Lösung: Tanzschuhe

Standardtanz, Argentinien, leidenschaftlich, Rose
Lösung: Tango

Handarbeiten

Schutz, Metall, Fingerspitze, Stich
Lösung: Fingerhut

Knäuel, weich, Schaf, stricken
Lösung: Wolle

Mann, Beruf, Kleidung, nähen
Lösung: Schneider

Tätigkeit, Wolle, Schal, Nadeln
Lösung: stricken

Garn, reißfest, Faden, zusammengedreht
Lösung: Zwirn

Naht, Gerät, nähen, elektrisch
Lösung: Nähmaschine

Batist, Samt, Cord, Leinen
Lösung: Stoffe

Technik, Nadel, Muster, kunstvoll
Lösung: sticken

Herbst

rascheln, getrocknet, fallen, Blätter
Lösung: Laub

fliegen, Schnur, Wind, bunt
Lösung: Drachen

braun, rund, Frucht, basteln
Lösung: Kastanie

Gaben, teilen, Fest, danken
Lösung: Erntedank(fest)

Wind, kräftig, heulen, pusten
Lösung: (Herbst-)Sturm

Regen, Schutz, anziehen, Kapuze
Lösung: Regenjacke

Mantel, Bettler, teilen, Laterne
Lösung: St. Martin

klein, Tier, Stacheln, Wettrennen
Lösung: Igel

Heiliger Abend

Ständer, Kugeln, Lametta, schlagen
Lösung: Weihnachtsbaum

bunt, Muster, Rolle, einpacken
Lösung: Geschenkpapier

glitzern, Fäden, silbern, bügeln
Lösung: Lametta

Weihnachtszeit, selige, gnadenbringende, Christ
Lösung: „O du fröhliche“

hängen, matt, glänzend, rund
Lösung: Christbaumkugeln

Stroh, Stall, Jesus, liegen
Lösung: Futterkrippe

hell, leuchten, Bethlehem, Wegweiser
Lösung: Weihnachtsstern

Geheimnis, verpackt, Schleife, Wunsch
Lösung: (Weihnachts-)Geschenk

Haustiere

Leine, Futter, Schwanz, bellen
Lösung: Hund

Milch, Pfoten, schleichen, schnurren
Lösung: Katze

Ohren, Möhre, klopfen, Stall
Lösung: Kaninchen

Schuppen, Wasser, schwimmen, glänzen
Lösung: (Gold-)Fisch

Federn, Schnabel, fliegen, Käfig
Lösung: Vogel

schlafen, nagen, Rad, Häuschen
Lösung: Hamster

langsam, Panzer, alt, Terrarium
Lösung: Schildkröte

Borsten, grunzen, Stall, Ringelschwanz
Lösung: (Haus-)Schwein

Werkzeug

Nägel, schlagen, Stiel, Kopf

Lösung: Hammer

Zähne, Stahl, raspeln, glatt

Lösung: Feile

Holz, Zacken, Musik, Kreis

Lösung: Säge

Schneide, Schaft, hacken, spalten

Lösung: Axt

Holz, Späne, Tischler, glatt

Lösung: Hobel

greifen, Rohr, ziehen, kneifen

Lösung: Zange

Gewinde, drehen, Kopf, Schlitz

Lösung: Schraube

Löcher, Schrauben, Dübel, Maschine

Lösung: Bohrer

Auto

Kurbelwelle, Zündkerzen, Antrieb, Benzin
Lösung: Motor

rechts, links, drehen, rund
Lösung: Lenkrad

Schnee, Eis, rund, Gummi
Lösung: Winterreifen

laut, Warnung, Lenkrad, Schallzeichen
Lösung: Hupe

Gänge, Kupplung, rückwärts, Getriebe
Lösung: Schaltung

Antenne, Sender, Musik, Stauwarnung
Lösung: Autoradio

Gepäck, Klappe, Heck, Ladung
Lösung: Kofferraum

Rückenlehne, bequem, Leder, Kopfstütze
Lösung: Autositz

Frühlingsboten

gelb, Blume, Zwiebel, Ostern
Lösung: Narzisse/Osterglocke

Frühling, Besen, Lappen, aufräumen
Lösung: Frühjahrsputz

klein, weiß, Schaf, Baby
Lösung: Lamm

Raupe, Kokon, Flügel, bunt
Lösung: Schmetterling

zwitschern, Flügel, fliegen, Federn
Lösung: Vögel

Amsterdam, Blume, rot, gelb
Lösung: Tulpe

Bett, gähnen, Frühling, antriebslos
Lösung: Frühjahrsmüdigkeit

Zwiebel, Safran, violett, Blume
Lösung: Krokus

Wäsche

letzter Spülgang, Flüssigkeit, Duft, weich
Lösung: Weichspüler

flüssig, pulverig, Reinigung, fleckenlos
Lösung: Waschmittel

Trommel, Umdrehungen, schnell, Ende des Waschgangs
Lösung: schleudern

plätten, Bezug, Tisch, Arbeitsgerät
Lösung: Bügelbrett

Maschine, walzen, strecken, glätten
Lösung: Mangel

Versehen, rot, Malheur, Salz
Lösung: Rotweinfleck

sammeln, Schmutzwäsche, sortieren, tragen
Lösung: Wäschekorb

Kleidung, aufhängen, trocknen, Schnur
Lösung: Wäscheleine

Kleidung

Bänder, kochen, Schutz, backen
Lösung: Schürze

Hochzeit, weiß, Spitze, Reifrock
Lösung: Brautkleid

Absatz, Frau, Fuß, elegant
Lösung: Pumps

Mann, Hals, lang, Anzug
Lösung: Krawatte

Fuß, Paar, stricken, stinken
Lösung: Socken

weiß, Feinripp, Doppelripp, Oberkörper
Lösung: Unterhemd

Baumwolle, blau, Hose, Goldgräber
Lösung: Jeans

Nylon, Strick, Zwickel, Laufmasche
Lösung: Feinstrumpfhose

Milchprodukte

Roquefort, Stilton, Reifeprozess, Edelpilze
Lösung: Schimmelkäse

Milchsäurebakterien, Verdickung, säuerlich, Obst
Lösung: Joghurt

sprühen, schlagen, Obers, Rahm
Lösung: Sahne

Fettstufe, Magerstufe, Schotten, Topfen
Lösung: Quark

Rahm, Fass, Stößer, Streichfett
Lösung: Butter

Mascarpone, geringe Reifung, streichen, Kräuter
Lösung: Frischkäse

Schnittkäse, Niederlande, Laib, Stadt
Lösung: Gouda

Normandie, Rohmilch, kreisförmig, Weißschimmel
Lösung: Camembert

Backzutaten

Natron, Tütchen, Triebmittel, locker
Lösung: Backpulver

Getreide, weiß, Weizen, gemahlen
Lösung: Mehl

Gewürz, schwarz, Orchidee, Stange
Lösung: Vanille

Rübe, weiß, süß, Kristalle
Lösung: Zucker

Huhn, Dotter, Schale, legen
Lösung: Eier

weiß, Streuer, Prise, Natriumchlorid
Lösung: Salz

flüssig, Laktose, melken, Kuh
Lösung: Milch

schmelzen, braun, Tafel, Kakaoerzeugnis
Lösung: Schokolade

Vorfahren, Mutter, Vater, Erzeuger
Lösung: Eltern

Bräutigam, Braut, Ringe, Ehe
Lösung: Heirat

Pflanze, Abstammung, Ahnen, Nachkommen
Lösung: Stammbaum

Zwillinge, Drillinge, Schwester, Bruder
Lösung: Geschwister

Eltern, Annahme, Kind, rechtlich
Lösung: Adoption

klein, Mensch, neu, Säugling
Lösung: Baby

Familienzugehörigkeit, Familiengeschlecht, Weitergabe, Kinder
Lösung: Nachname

Verwandte, Vorfahren, Oma, Opa
Lösung: Großeltern

Hochzeit

Metall, Klöppel, Kirche, klingen
Lösung: Glocken

Braut, weiß, Spitze, Reifrock
Lösung: Brautkleid

Rosen, Frau, werfen, gebunden
Lösung: Brautstrauß

Gebäude, Personenstandsgesetz, Urkunde, Eheschließung
Lösung: Standesamt

Urlaub, Paar, Zweisamkeit, Hochzeit
Lösung: Flitterwochen

Gebäude, Turm, Glocke, Religion
Lösung: Kirche

eingepackt, Überraschung, Mitbringsel, Gratulation
Lösung: Geschenk

rund, Silber, Gold, Gravur
Lösung: Ringe

Schmuck

lang, Verschluss, Glieder, Hals
Lösung: Kette

Kleidung, Nadel, Brustschmuck, anstecken
Lösung: Brosche

Männer, Hemd, Schmuckstück, Seidenknoten
Lösung: Manschettenknöpfe

Schmuck, Läppchen, stechen, Schmerz
Lösung: Ohrloch

schmückend, genau, Handgelenk, Zeitmessgerät
Lösung: Armbanduhr

Ohrring, Kette, Muschel, Perlmutt
Lösung: Perlen

Metall, wertvoll, Barren, glänzend
Lösung: Gold

Finger, rund, Verlobung, Ehe
Lösung: Ring

Kirche

oben, Zeiger, Ziffernblatt, Zeit
Lösung: Turmuhr

Tisch, Opfergaben, Schmuck, Bibel
Lösung: Altar

Bezirk, Predigt, Leitung, Seelsorger
Lösung: Pfarrer

Hostie, Wein, Sakrament, Erinnerung
Lösung: Abendmahl

Johannes, Franziskus, Oberhaupt, katholisch
Lösung: Papst

Holz, Zeichen, Jesus, Hinrichtung
Lösung: Kreuz

Tasten, Pfeifen, Musikinstrument, Begleitung
Lösung: Orgel

Buch, Psalmen, Altes Testament, Neues Testament
Lösung: Bibel

Geschirr

flach, Rand, Speisen, anrichten
Lösung: Teller

rund, Henkel, Trinkgefäß, Heißgetränke
Lösung: Tasse

durchsichtig, Stiel, Kelch, anstoßen
Lösung: Weinglas

Schale, Untersetzer, tief, löffeln
Lösung: Suppentasse

aufbrühen, Tülle, Deckel, einschenken
Lösung: Kaffeekanne

Behälter, Kaffeetafel, süßen, Würfel
Lösung: Zuckerdose

Porzellan, Suppe, servieren, Löwenkopf
Lösung: Terrine/Suppenschüssel

Behälter, Streichfett, Boden, Deckel
Lösung: Butterdose

Obst

gelb, Tropen, krumm, Affe
Lösung: Banane

Stiel, Kerngehäuse, Mus, Boskop
Lösung: Apfel

Obstbrand, Dirn, Leuchtmittel, Williams Christ
Lösung: Birne

Kern, rot, Weichsel, Weitspucken
Lösung: Kirsche

sauer, Vitamin C, Zitrusfrucht, lustig
Lösung: Zitrone

Reben, Rispen, Rosinen, Wein
Lösung: Trauben

Steinfrucht, eiförmig, Likör, violett
Lösung: Zwetschge/Pflaume

Sammelnussfrucht, rot, Tortenbelag, Bowle
Lösung: Erdbeere

Backen

Backwerkzeug, Holz, Plätzchenteig, ausrollen
Lösung: Nudelholz

rühren, kneten, naschen, backen
Lösung: Teig

Backhelfer, Kasten, einfetten, Paniermehl
Lösung: Backform

Kleiderschutz, Bänder, Schleife, Vorbinder
Lösung: Schürze

Triebmittel, Rührteige, Natron, locker
Lösung: Backpulver

Backzutat, Süße, Mark, Aroma
Lösung: Vanillezucker

Getreideerzeugnis, hell, gemahlen, Type 405
Lösung: Mehl

Milchprodukt, Rahm, Stück, Streichfett
Lösung: Butter

Kartoffeln, Karotten, stampfen, Mettwürste
Lösung: Möhreneintopf/Möhrendurcheinander

Fleischscheiben, Füllung, wickeln, Küchengarn
Lösung: (Rinder-)Rouladen

Eierspeise, ruhen, backen, Palatschinken
Lösung: Pfannkuchen

Hülsenfrüchte, Kartoffeln, Speck, Brühe
Lösung: Erbsensuppe

Wintergemüse, Frost, Bratkartoffeln, Pinkel
Lösung: Grünkohl

Süßspeise, Weißbrot, Milch-Eier-Mischung, braten
Lösung: Arme Ritter

Fischgericht, Gewürzgurken, Mayonnaise, Arme-Leute-Essen
Lösung: Heringsstipp

Pfannengericht, Erdäpfel, Zwiebeln, Röstaromen
Lösung: Bratkartoffeln

Gemüse

Wurzelgemüse, orangefarben, Carotin, Rübe
Lösung: Möhren/Karotten

Kürbisgewächs, grün, lang, Essig
Lösung: Gurke

Röschen, Kopf, Strunk, weiß
Lösung: Blumenkohl

Nachtschattengewächs, Strauch, rot, Liebesapfel
Lösung: Tomate

Haut, dünsten, hacken, Tränen
Lösung: Zwiebel

weiß, Stängel, Spitze, schälen
Lösung: Spargel

grün, Hülsenfrüchte, klein, Eintopf
Lösung: Erbsen

Baldriangewächs, Herbstgemüse, Feldsalat, Märchenfigur
Lösung: Rapunzel

Rund ums Haltbarmachen

elektrisch, Frost, Küche, Eis
Lösung: Gefrierschrank

Salz, Fleisch, Fisch, suren
Lösung: pökeln

Kohl, Gemüse, Fass, Milchsäuregärung
Lösung: Sauerkraut

Brotaufstrich, Obst, Zucker, Glas
Lösung: Marmelade

trocknen, Sultaninen, Korinthen, Weintrauben
Lösung: Rosinen

Konserve, rund, Blech, Behälter
Lösung: Dose

Früchte, Zucker, Alkohol, Steingut
Lösung: Rumtopf

einkochen, Firma, Gummi, Glasbehälter
Lösung: Weck-Glas

Länder

Croissants, Eiffelturm, Republik, Lyon
Lösung: Frankreich

Pazifik, Inselstaat, Yen, Tokio
Lösung: Japan

Kolosseum, Leonardo da Vinci, Sardinien, Tortellini
Lösung: Italien

Bundesstaaten, Washington D. C., Hamburger, Freiheitsstatue
Lösung: USA

Nachbarland, Fahrrad fahren, Holzschuhe, Gouda
Lösung: Niederlande

Volksrepublik, Stäbchen, Peking, Mauer
Lösung: China

Mittelmeer, Zeus, Gyros, Athen
Lösung: Griechenland

Berlin, Brandenburger Tor, Kölner Dom, Sauerkraut
Lösung: Deutschland

Badezimmer

frisieren, kämmen, Borsten, Haare
Lösung: Bürste

Wasser, warm, liegen, Schaum
Lösung: Badewanne

Rollen, Papphülsen, abreißen, Einmalverwendung
Lösung: Toilettenpapier

einziehen, sanft, weiß, Haut
Lösung: Creme

baden, trocknen, weich, Frottee,
Lösung: Handtuch

Wand, Boden, verlegen, hart
Lösung: Fliesen

glatt, Glas, Abbild, Reflektion
Lösung: Spiegel

elektrisch, warm, Luft, Frisur
Lösung: Föhn

Möbel

Sitzmöbel, weich, Drei-Sitzer, Polster
Lösung: Sofa

Speisen, decken, Beine, Platte
Lösung: Esstisch

Lattenrost, Matratze, Kissen, Schlafzimmer
Lösung: Bett

Fußbank, sitzen, hart, Schemel
Lösung: Hocker

sitzen, Beine, Lehne, Sitzfläche
Lösung: Stuhl

Büroarbeiten, Beine, Platte, Arbeitszimmer
Lösung: Schreibtisch

aufbewahren, Bücher, Bretter, aufstellen
Lösung: Regal

Kleidung, aufbewahren, Türen, schließen
Lösung: Schrank

Farben

Lippenstift, Kirschen, Stoppschild, Blut

Lösung: rot

Meer, Enzian, Jeans, Himmel

Lösung: blau

Quietsche-Ente, Sonne, Narzisse, Zitrone

Lösung: gelb

Schornsteinfeger, Pech, Autoreifen, Kohle

Lösung: schwarz

Papier, Brautkleid, Watte, Wolken

Lösung: weiß

Brokkoli, Kräuter, Kiwi, Gras

Lösung: grün

Warnweste, Möhren, Kürbis, Mandarine

Lösung: orange

Schokolade, Baumstamm, Kaffee, Erde

Lösung: braun

Gewebe, Leinen, Holz, Keilrahmen
Lösung: Leinwand

weiß, malen, Calciumcarbonat, Tafel
Lösung: Kreide

Schreibgerät, radieren, grau, Mine
Lösung: Bleistift

Zeichengeräte, farbig, Holz, Mine
Lösung: Buntstifte

weiß, DIN A4, schreiben, recyceln
Lösung: Papier

Gemälde, Bildnis, Abbild, Person
Lösung: Porträt

Rot, Blau, Gelb, Grün
Lösung: Farben

Farbe, verteilen, Werkzeug, Haare
Lösung: Pinsel

Baustelle

Baumaschine, Räder, Schaufel, Baugrube
Lösung: Bagger

Bauen, Gebäude, Wände, Dach
Lösung: Haus

Baustoff, Zement, Wasser, hart
Lösung: Beton

Steine, Mörtel, Wand, hoch
Lösung: Mauer

Seilwinde, Gerüst, hoch, Lasten
Lösung: Kran

hinaufsteigen, Holme, Sprossen, klettern
Lösung: Leiter

Holzbalken, nageln, oben, Richtfest
Lösung: Dachstuhl

Fahrzeug, groß, Ladefläche, Güter
Lösung: Lastwagen

Theater

Bühne, Stoff, auf, zu
Lösung: Vorhang

Mensch, Beruf, Bühne, Akteur
Lösung: Schauspieler

Farbe, anmalen, Kosmetik, Haut
Lösung: Schminke

Bretter, Spielort, Aufführung, Szenerie
Lösung: Bühne

nähen, anziehen, Stoff, Verkleidung
Lösung: Kostüm

Leuchte, Rampenlicht, Mittelpunkt, anstrahlen
Lösung: Scheinwerfer

kaufen, Preis, Einlass, Ticket
Lösung: Eintrittskarte

Utensil, Verkleidung, Gesicht, aufsetzen
Lösung: Maske

Getränke

Hopfen, zapfen, Schaum, Malz
Lösung: Bier

Frühstück, Frucht, pressen, gelb
Lösung: Orangensaft

weiß, rot, Rebe, Trauben
Lösung: Wein

Koffein, Kohlensäure, Zucker, braun
Lösung: Cola

Veredelung, Kohlensäure, Alkohol, Schaumwein
Lösung: Sekt

Morgen, Filter, Koffein, Bohnen
Lösung: Kaffee

unfertig, Traubenmost, Jungwein, Zwiebelkuchen
Lösung: Federweißer

weiß, melken, Müsli, Kuh
Lösung: Milch

Schlafzimmer

Polster, Härtegrad, Schaumstoff, Federkern
Lösung: Matratze

Daunen, Beutel, Kopf, Füllung
Lösung: Kissen

Bügel, Stange, verstauen, Türen
Lösung: Kleiderschrank

Bauteil, Bett, Unterlage, Bretter
Lösung: Lattenrost

lesen, hell, Steckdose, anschalten
Lösung: Nachttischlampe

aufstehen, Uhr, stellen, klingeln
Lösung: Wecker

klein, neben, Kopfende, Ablage
Lösung: Nachttisch

Bezug, Füllung, Körper, Daunen
Lösung: Bettdecke

Körper

tasten, greifen, Daumen, Finger
Lösung: Hand

Gesicht, Löcher, Flügel, riechen
Lösung: Nase

Klappen, schlagen, Blut, pumpen
Lösung: Herz

hart, weiß, beißen, kauen
Lösung: Zahn

Organ, Atmung, Flügel, Bläschen
Lösung: Lunge

Spann, Ferse, Sohle, Zehen
Lösung: Fuß

hart, Wirbel, Skelett, Bein
Lösung: Knochen

Gesicht, Iris, Pupille, Apfel
Lösung: Auge

Pflanzen

Liebe, rot, Dornen, verschenken
Lösung: Rosen

klein, verbreitet, Tausendschön, weiß
Lösung: Gänseblümchen

ranken, Lese, Trauben, Reben
Lösung: Wein

ranken, immergrün, Wurzelkletterer, giftig
Lösung: Efeu

Korbblütler, essen, gelb, Pusteblume
Lösung: Löwenzahn

mähen, Fußball, grün, Wiese
Lösung: Gras/Rasen

Frühling, Zwiebel, gelb, Osterglocke
Lösung: Narzisse

Laubbaum, Schießfrüchte, herzförmig, Brunnenlied
Lösung: Linde

Autozubehör

Gemisch, Tank, Öl, Kraftstoff
Lösung: Benzin

Hosentasche, Metall, Türen, öffnen
Lösung: Autoschlüssel

anschalten, Sensor, Frontscheibe, Regen
Lösung: Scheibenwischer

einschalten, aufleuchten, Kurve, Fahrtrichtung
Lösung: Blinker

verlangsamen, Pedal, treten, anhalten
Lösung: Bremse

Sommer, Rad, drehen, Winter
Lösung: Reifen

Hutablage, Hund, Bewegung, nicken
Lösung: Wackeldackel

Wolle, Abdeckung, Dekoration, rund
Lösung: Klorollenmütze

Küche

Kochgeschirr, Suppe, Herd, kochen
Lösung: Topf

elektrisch, Gerät, Blech, Kuchen
Lösung: Backofen

Kochgeschirr, Siedetemperatur, Dampf, Druck
Lösung: Schnellkochtopf

Anrichtebesteck, Suppe, auffüllen, Edelstahl
Lösung: Kelle

Küchengerät, aufschlagen, vermengen, Schaumschläger
Lösung: Schneebesen

Küchengerät, schwer, hauen, Schnitzel
Lösung: Fleischklopfer

Kochgeschirr, Herd, Stiel, braten
Lösung: Pfanne

Küchengerät, wenden, Bratkartoffeln, Küchenfreund
Lösung: Pfannenwender

Flüssigkeit, Federkiel, Farbe, Füller
Lösung: Tinte

Gerät, Papier, Strom, vervielfältigen
Lösung: Kopierer

abheften, stanzen, drücken, Perforator
Lösung: Locher

veraltet, Buchstaben, Tastatur, Gerät
Lösung: Schreibmaschine

Gerät, Nadeln, heften, klammern
Lösung: Tacker

lang, Zentimeter, gerade, messen
Lösung: Lineal

Verpackung, Marke, anlecken, zukleben
Lösung: Briefumschlag

Hefter, DIN A4, dick, Akten
Lösung: Ordner

Garten

Fläche, abgegrenzt, Anbau, Pflanzen
Lösung: Beet

Pflanzen, Begleitvegetation, zupfen, unerwünscht
Lösung: Unkraut

Pflanzen, Bestäubung, dekorativ, Blüten
Lösung: Blumen

Gartenwerkzeug, Stiel, graben, Bodenbearbeitung
Lösung: Spaten

Gartengerät, Wiese, kürzen, Gras
Lösung: Rasenmäher

Holz, Metall, Nachbarn, Abgrenzung
Lösung: Zaun

Steine, Fläche, sitzen, Plattform
Lösung: Terrasse

Handwerkszeug, Stiel, harken, Zinken
Lösung: Rechen

Ziel, Querlatte, Pfosten, Netz
Lösung: Tor

Torwart, Feldspieler, elf, Team
Lösung: Mannschaft

Schutz, defensiv, Fußballspieler, Hüter
Lösung: Torwart

Zeichen, Signalfarbe, Schiedsrichter, Platzverweis
Lösung: rote Karte

rechteckig, Rasen, abgegrenzt, Linien
Lösung: Fußballfeld

Kleidungsstück, Stoff, Nummer, Oberkörper
Lösung: Trikot

schnüren, anziehen, Ausrüstung, Stollen
Lösung: Fußballschuhe

Person, unparteiisch, Regeln, Pfeife
Lösung: Schiedsrichter

Karten

rot, Eckstein, Schellen, Kartenzeichen
Lösung: Karo

Kartenzeichen, Cœur, Organ, rot
Lösung: Herz

Rossschinder, schwarz, Blatt, Stiel
Lösung: Pik

schwarz, Kartenzeichen, Klee, Trèfle
Lösung: Kreuz

Herzkönigin, Kartenwert, Frau, Ober
Lösung: Dame

Spielkarte, 3, Ersatz, Hofnarr
Lösung: Joker

Junge, Bauer, Kartenwert, Unter
Lösung: Bube

Kartenwert, hoch, Daus, Ärmel
Lösung: Ass

Bibel

Neues Testament, Christus, Kreuz, Sohn
Lösung: Jesus

Jesus, Verehrung, Mutter, Jungfrau
Lösung: Maria

Prophet, Ägypten, Weidenkörbchen, Bücher
Lösung: Moses

Stammvater, Israel, Altes Testament, Schoß
Lösung: Abraham

Menschenpaar, Anfang, Paradies, Rippe
Lösung: Adam und Eva

Religion, Glaube, Schöpfer, Allmacht
Lösung: Gott

Jesus, Mann, Zimmermann, Vater
Lösung: Josef

Sintflut, retten, Tiere, Schiff
Lösung: Arche Noah

Schule

Schreibmaterial, abwischbar, weiß, Tafel
Lösung: Kreide

Untergrund, Notizen, abschreiben, wischen
Lösung: Tafel

Reinigungsartikel, Schaumstoff, Rechteck, auswringen
Lösung: Schwamm

Papierprodukt, Druck, binden, lesen
Lösung: Buch

Sitzplatz, Tisch, verbunden, aufklappen
Lösung: Schulbank

Beruf, Wissensvermittler, unterrichten, Lämpel
Lösung: Lehrer

Signal, Unterrichtsbeginn, Pause, klingeln
Lösung: Schulglocke

Aufgaben, lernen, zu Hause, schreiben
Lösung: Schularbeiten/Hausaufgaben

Musikinstrumente

Blasinstrument, Holz, klein, Grifflöcher
Lösung: Blockflöte

Saiteninstrument, streichen, Bogen, Wirbel
Lösung: Geige

Metallstäbe, Schwingungsknoten, Anschlag, Schlägel
Lösung: Glockenspiel

Begleitinstrument, zupfen, Plektron, Saiten
Lösung: Gitarre

Blechblasinstrument, Kesselmundstück, Ventildrücker, Jazzmusik
Lösung: Trompete

Zupfinstrument, groß, geschwungen, Engel
Lösung: Harfe

Tasteninstrument, Hämmerchen, schwarz-weiß, Pedal
Lösung: Klavier

Messing, Trichtermundstück, Schallbecher, Jagd
Lösung: (Wald-)Horn

Brötchen, Ostereier, Tisch, essen
Lösung: Osterfrühstück

Fell, Löffel, Säugetier, Fruchtbarkeit
Lösung: Hase

Küken, Zuhause, bauen, Vögel
Lösung: Nest

Schule, frei, Feiertage, Urlaub
Lösung: Osterferien

heiß, Osternacht, verbrennen, Brauch
Lösung: Osterfeuer

Vogel, Eier, Stall, gackern
Lösung: Huhn

färben, weich, hart, Schale
Lösung: (Oster-)Ei

Schaf, klein, mäh, Baby
Lösung: Lamm

Oktoberfest

Freifläche, Prinzessin, Pferderennen, München
Lösung: Theresienwiese

Großstadt, Isar, Englischer Garten, Schwabing
Lösung: München

Kleidungsstück, Männer, Kniebund, Tracht
Lösung: Lederhose

Schürze, Schleife, Kleid, Tracht
Lösung: Dirndl

Spezialität, Brät, Senf, zuzeln
Lösung: Weißwurst

Trinkgefäß, Ausschank, Steinzeug, Henkel
Lösung: Maßkrug

Gebäck, Teigstrang, verschlungen, Salz
Lösung: (Laugen-)Brezel

Bierausschank, Gaststätte, Fürsten, Brauerei
Lösung: Hofbräuhaus

Fahrzeuge

Lok, Wagons, Schienen, Personen
Lösung: Zug/Eisenbahn

Kette, Pedale, Lenker, Stange
Lösung: Fahrrad

Achsen, Zugtiere, Verdeck, Post
Lösung: Kutsche

Motor, Führerschein, Kraftwagen, Benz
Lösung: Auto

Zweirad, Helm, Lenker, Sozius
Lösung: Motorrad

Rumpf, Schwert, Mast, Wind
Lösung: Segelboot

Luftverkehr, Auftrieb, Flügel, Pilot
Lösung: Flugzeug

Personenverkehr, reisen, Straße, Doppeldecker
Lösung: Bus

Insekten

Fluginsekt, Facettenaugen, kurzlebig, Klatsche
Lösung: Eintagsfliege

rundlich, pelzartig, gelb-schwarz, Nestbauer
Lösung: Hummel

halbkugelig, rot, Punkte, Läusefresser
Lösung: Marienkäfer

bunt, Tagfalter, Raupe, Pfauenauge
Lösung: Schmetterling

klein, Parasit, hüpfen, Stich
Lösung: Floh

Saugrüssel, Blut, Juckreiz, Malaria
Lösung: Mücke

Staat, Arbeiterinnen, stark, fleißig
Lösung: Ameise

Streifenmuster, Pollenhöschen, Waben, Imkerei
Lösung: Honigbiene

Schneemann

Kopfbedeckung, hoch, schwarz, steif
Lösung: Zylinder

braun-schwarz, Energiegewinnung, brennen, heizen
Lösung: Kohle

Gemüsepflanze, orangefarben, Pfahlwurzel, ziehen
Lösung: Möhre

Eiskristalle, weiß, leicht, rieseln
Lösung: Schnee

Borsten, Reisig, kehren, Stiel
Lösung: Besen

Körper, rund, rollen, dick
Lösung: Kugel

Behälter, Flüssigkeiten, Henkel, Kopfbedeckung
Lösung: Eimer

Kleidungsstück, wärmend, lang, Hals
Lösung: Schal

Sportarten

Torwart, schießen, Abseits, Elfmeter
Lösung: Fußball

Korb, werfen, Strafwurf, Schrittfehler
Lösung: Basketball

Netz, Schläger, Rückschlag, Herrendoppel
Lösung: Tennis

Abschlag, Loch, Spielbahn, Score
Lösung: Golf

Aufschlag, baggern, Annahme, pritschen
Lösung: Volleyball

Leichtathletik, Sprint, springen, Hindernis
Lösung: Hürdenlauf

Wassersport, Sprungturm, kraulen, Badekappe
Lösung: Schwimmen

treten, Pedale, Helm, Mannschaftsverfolgung
Lösung: Radfahren

Fitness

Kleidungsstück, Füße, Schnürbänder, rennen
Lösung: Turnschuhe/Sportschuhe

Beinbekleidung, eng, dehnbar, Gummizug
Lösung: Leggings/Gymnastikhose

Schmerzen, Überlastung, Risse, Dehnungsübungen
Lösung: Muskelkater

Dehnung, Lockerungsübung, bewegen, Vorbereitung
Lösung: Aufwärmen

Bodenbelag, dämpfend, Bodenturnen, rechteckig
Lösung: Sportmatte

Übung, Knie, hocken, aufstehen
Lösung: Kniebeuge

Sportgerät, klettern, Leiter, einhängen
Lösung: Sprossenwand

Behältnis, tragen, Sportkleidung, Henkel
Lösung: (Sport-)Tasche

St. Martin

Entenvogel, Gefieder, schnattern, weiß

Lösung: Gans

Hefeteig, geschwungen, Zucker, weich

Lösung: Martinsbrezel

Schimmel, Hengst, Stute, wiehern

Lösung: Pferd

Stoff, Schutz, Schulterüberwurf, wärmend

Lösung: Mantel/Umhang

Kirchenamt, Gebietsleitung, Mitra, Stab

Lösung: Bischof

arm, Almosen, Not, bitten

Lösung: Bettler

Licht, anzünden, Windschutz, Straßenbeleuchtung

Lösung: Laterne

Waffe, Klinge, spitz, lang

Lösung: Schwert

Meerestiere

Weichtier, Schale, Meeresboden, Perle
Lösung: Muschel

Arme, Farbwolke, Rückstoß, Krake
Lösung: Tintenfisch

Seevogel, flugunfähig, Frack, Kaiser
Lösung: Pinguin

Reptil, Panzer, schnappen, langlebig
Lösung: Schildkröte

Flossenfüßer, Säugetier, Fettschicht, Seehund
Lösung: Robbe

Meeressäuger, schwimmen, riesig, Kalb
Lösung: Wal

Zahnwal, Echoortung, Sprünge, Flipper
Lösung: Delfin

Nesseltier, Tentakel, durchscheinend, brennen
Lösung: Qualle

Strand

Meeresboden, Schale, kalkhaltig, sammeln
Lösung: Muscheln

Sediment, Mineralkörner, rieseln, Wüste
Lösung: Sand

Sitzmöbel, Geflecht, überdacht, Windschutz
Lösung: Strandkorb

Schutz, Speichen, bespannt, Stiel
Lösung: Sonnenschirm

Gebäudenachbildung, formen, verzieren, einstürzen
Lösung: Sandburg

Restaurant, Meerblick, Erfrischungen, Speisen
Lösung: Strandlokal

Küstenbereich, Ebbe, trocken, wandern
Lösung: Watt

Küste, Gezeiten, Wasser, auflaufend
Lösung: Flut

Zylinder, Möhre, Besen, Kohle
Lösung: Schneemann

Kufen, rodeln, gleiten, Glöckchen
Lösung: Schlitten

Kopfbedeckung, stricken, Bommel, wärmen
Lösung: Wollmütze

Wasser, gefroren, Scholle, Gletscher
Lösung: Eis

Fußbekleidung, Kufen, fortbewegen, eislaufen
Lösung: Schlittschuhe

Kugeln, zusammendrücken, abwerfen, einseifen
Lösung: Schneeballschlacht

Tannenbaum, Familienfest, Geschenke, Gedenken
Lösung: Weihnachten

Jahreswechsel, Abend, Bleigießen, Dinner
Lösung: Silvester

Fernsehen

Übersicht, blättern, Sendezeiten, Lieblingssendung
Lösung: Fernsehzeitschrift

Handgerät, Tasten, drücken, kabellos
Lösung: Fernbedienung

Kandidaten, Fragen, Moderator, gewinnen
Lösung: Quizsendung/Ratesendung

Fernsehshow, Moderator, Unterhaltung, Carrell
Lösung: Showmaster

Fernsehprogramm, Ende, Nachtruhe, Testbild
Lösung: Sendeschluss

Sender, öffentlich-rechtlich, Tagesschau, ARD
Lösung: Erstes Programm/Das Erste

Sprecher, Neuigkeiten, Korrespondentin, Wetter
Lösung: Nachrichtensendung

Kindersendung, Vorabendprogramm, Kurzfilme, Abendgruß
Lösung: Sandmännchen

Kopfbedeckungen

Sonnenschutz, breit, geflochten, Getreidehalm
Lösung: Strohhut

Schutz, Kunststoff, Sicherheit, schlagbeständig
Lösung: Bauhelm/Arbeitshelm

Nässeschutz, eng, glatt, flexibel
Lösung: Badekappe

Stoff, binden, Dreieck, Knoten
Lösung: Kopftuch

Ohrenschutz, rund, gestrickt, Winter
Lösung: Stirnband

Sichtschutz, Sonnenschutz, Kappe, Baseball
Lösung: Schirmmütze

Filzstoff, breitkrempig, hochgeschlagen, geschmückt
Lösung: Schlapphut

Unfallschutz, Zweirad, Verschluss, Riemen
Lösung: Fahrradhelm

Blumen

Amaryllisgewächs, weiß, Frühlingsbote, klein
Lösung: Schneeglöckchen

Schwertliliengewächs, violett, Frühblüher, Safran
Lösung: Krokus

Schnittblumen, Zierpflanze, Zwiebeln, Amsterdam
Lösung: Tulpen

Veilchengewächs, widerstandsfähig, mehrfarbig, Viola
Lösung: Stiefmütterchen

Primelgewächs, Topfpflanze, Rot-Töne, Gebirge
Lösung: Alpenveilchen

Zwiebelpflanze, Blütentrauben, stark duftend, Winter
Lösung: Hyazinthe

Trompete, sternförmig, gelb, Ostern
Lösung: Narzisse

rot, schwarzer Fleck, Samenkapsel, Getreidefeld
Lösung: Mohnblume

Zeichen, Ton, Viertel, Achtel
Lösung: Noten

Musikstück, verbreitet, Tradition, singen
Lösung: Volkslied

Stimmlage, Oberstimme, Chor, Frauen
Lösung: Sopran

Gesang, tief, dunkel, Männer
Lösung: Bass

Musiknotation, Tonhöhen, C, F
Lösung: Notenschlüssel

Gemeinschaft, Gesang, Stimmen, Ensemble
Lösung: Chor

Abendritual, Mutter, Kind, Gesang
Lösung: Schlaflied

Sammlung, Gesangsstücke, Melodie, Text
Lösung: Liederbuch

Sterne

Mandeln, Eiweiß, Puderzucker, Weihnachtsgebäck
Lösung: Zimtstern

Himmel, Staubteilchen, verglühen, Wunsch
Lösung: Sternschnuppe

Wegweiser, Himmelslicht, Krippe, drei Weise
Lösung: Stern von Bethlehem

Beobachtungsort, Instrumente, Himmelskörper, Wissenschaft
Lösung: Sternwarte

Gewürz, Balgfrucht, lakritzartig, Samen
Lösung: Sternanis

Wolfsmilchgewächs, Zimmerpflanze, rote Blätter, Adventsdekoration
Lösung: Weihnachtsstern

Tierkreise, Astrologie, Schütze, Horoskop
Lösung: Sternzeichen

Mädchen, arm, hilfsbereit, Leinenhemdchen
Lösung: Sterntaler

Winterkleidung

Wolle, Kälteschutz, Kopfbedeckung, Bommel
Lösung: Mütze

lang, rechteckig, schmal, Hals
Lösung: Schal

Schuh, Schaft, Beinbedeckung, Western
Lösung: Stiefel

Finger, Kälteschutz, Boxen, Fäustlinge
Lösung: Handschuhe

stricken, Paar, Fersenwand, Füße
Lösung: Wollsocken

Oberbekleidung, Futter, Reißverschluss, Daunen
Lösung: Jacke

Kopfbedeckung, Gehörschutz, Kopfhörer, Kälteschutz
Lösung: Ohrenschützer

Überzieher, Oberkörper, stricken, Norwegermuster
Lösung: Pullover